Inhalt

Innovationscontrolling - Die Effizienz des Innovationsprozesses muss gesteigert werden

Kernthesen

Beitrag

Fallbeispiele

Weiterführende Literatur

Impressum

Innovationscontrolling - Die Effizienz des Innovationsprozesses muss gesteigert werden

M. Westphal

Kernthesen

- Die Wettbewerbssituation verlangt immer kürzere Produktlebenszyklen bei steigender technischer Komplexität der Innovationen.
- Das Innovationsmanagement muss sich der Herausforderung stellen, Möglichkeiten zur Kostensenkung im Innovationsprozess zu identifizieren.
- Die Erfolgsquote von Innovationsprojekten muss erhöht werden, was auch einen frühzeitigen und konsequenten Abbruch

von nicht erfolgversprechenden Projekten bedeutet.
- Innovationscontrolling kann das Innovationsmanagement bei seiner Aufgabe in vielerlei Hinsicht unterstützen.

Beitrag

Die Professionalisierung des Innovationscontrollings wird für die wirtschaftlich erfolgreiche Entwicklung von Neuprodukten immer wichtiger. Die Identifikation sowie Aufbereitung und Bereitstellung relevanter Kennzahlen und Instrumente innerhalb eines Innovationsperformance Measurement spielt dabei eine tragende Rolle.

Der Innovationsprozess muss professionalisiert werden

Der Erfolg eines Unternehmens wird wesentlich von seinen Innovationen und deren erfolgreicher Vermarktung bestimmt. Gerade der rapide technische Wandel und die dramatische Verkürzung der Produktlebenszyklen erhöhen dabei die Komplexität der Anforderungen an das Innovationsmanagement. Auch das Nachfrageverhalten, das zunehmend von Heterogenität geprägt ist, trägt ein Übriges dazu bei.

Daraus resultiert auch die große Bedeutung der Erschließung von Verbesserungsmöglichkeiten innerhalb des Innovationsprozesses. (4), (6)

Innovationscontrolling unterstützt Innovationsmanagement

Ein Innovationscontrolling muss die Entscheidungen des Managements unterstützen und vorbereiten. Dabei muss es sehr früh im Innovationsprozess ansetzen und eine ganzheitliche Betrachtung implementieren. Damit unterscheidet es sich wesentlich vom bisher bekannten F&E-Controlling, in dem der individuelle F&E-Prozess nur hinsichtlich der Einhaltung der für ihn allokierten Budgets überwacht und gesteuert wird. Im Rahmen des Innovationscontrollings geht es nicht alleine um die Sicherstellung vieler einzelner effizienter F&E-Prozesse, sondern einer ganzheitlichen Sichtweise, um das unternehmensweite Innovationsmanagement effizient aufzustellen.
Dabei müssen Ziele, Aufgaben, Systeme und Methoden berücksichtigt werden, um ein integriertes technologisches Navigationssystem zu erstellen. (7)
Das Innovationsmanagement muss die effiziente und effektive Gestaltung der Innovationsprozesse sicherstellen mittels ganzheitlicher Berücksichtigung

der komplexen Ursache-, Wirkungsbeziehungen. Der Erfolg einer Neuerung entscheidet sich zum einen an dem Grad der Befriedigung der Kunden- und Nutzerbedürfnisse, aber ebenso an kosteneffizienter Entwicklung des finalen Produktes wie auch an einem effizienten Innovationsprozess. (7), (8)

Der Aufbau eines spezifischen Innovationscontrollings wird zunehmend wichtiger

Der gesamte Prozess des Innovationsmanagements muss unter betriebswirtschaftlichen Gesichtspunkten geführt werden. Das heißt, dass auch Vorentwicklungsprojekte schon mit definierten Meilensteinen und jeweils zu erreichenden Anforderungen versehen werden müssen. Dafür ist es notwendig, regelmäßig den Projektfortschritt zu überprüfen und damit auch eine frühzeitige Beendigung der Projekte zu ermöglichen. Diese müssen dann aber auch nach klaren Kriterien wirklich abgebrochen werden.
Eine Projektführung unter betriebswirtschaftlichen Gesichtspunkten bedingt auch, dass Kostensenkungen z. B. durch Verlagerung von bestimmten Projektmodulen auf

Entwicklungsstandorte in Low-Cost-Ländern realisiert werden.
Key Performance Indicator (KPI) gewinnen auch im Innovationsmanagement zunehmend an Bedeutung. F&E-Aktivitäten müssen sich frühzeitig an den Bedürfnissen der Produktion orientieren. Schon bei der Ideenfindung kann ein KPI-System sinnvoll unterstützen, um einen effizienten und effektiven Innovationsprozess zu ermöglichen. (1)
Die Tendenz zu zunehmender Produktdifferenzierung und die Verkürzung der Produktlebenszyklen aufgrund steigender Kundenanforderungen erhöht die Komplexität im Innovationsmanagement. Dabei nimmt der Finanzmittelbedarf des F&E-Bereichs ständig zu. Die technische Komplexität der Produkte nimmt zu, was letztendlich auch das Entwicklungsrisiko erhöht. Aber auch die veränderten Rechnungslegungsvorschriften wie die Novellierung des Handelsgesetzbuches und das Bilanzrechtsmodernisierungsgesetz im Hinblick auf eine Annäherung an die International Financial Reporting Standards (IFRS), führen aufgrund der zwingenden Aktivierung von Entwicklungsaufwendungen zu einem Bedarf an strategischer Kostenrechnung im F&E-Bereich.
Im Rahmen des Innovationscontrollings ist zu beachten, dass jede Phase des Innovationsprozesses durch spezifische Datenunsicherheit und Risikosituationen gekennzeichnet ist. Damit werden

auch sehr phasenspezifische Anforderungen an ein Innovationscontrolling gestellt. (8)

Instrumente des Innovationscontrollings

Das Innovationscontrolling kann auf eine Vielzahl von Instrumenten zurückgreifen, die sich phasenspezifisch unterscheiden können. In der Phase der Ideengenerierung können Instrumente wie ein betriebliches Vorschlagswesen oder Kreativitätstechniken sinnvoll sein. Der Controller muss je Phase die Instrumente identifizieren, die für den jeweiligen Zweck optimal sind. Der Einsatz hingegen ist Aufgabe des Innovationsmanagers. Die Grenzen zwischen Innovationscontroller und Innovationsmanager sind allerdings häufig fließend. (8)

Technologie-Roadmapping als Methode des Innovationsontrollings

Methodisch kann sich das Innovationscontrolling

dem Technologie-Roadmapping bedienen. Dieses stellt einen mittelfristigen Abgleich zwischen Strategie und F&E-Aktivitäten sicher. Neben rein technischen Kennzahlen wie dem Marktumfeld oder den Durchlaufzeiten des Innovationsprozesses müssen auch nicht-technische Kennzahlen aus dem kaufmännischen und gesellschaftlichen Umfeld integriert werden.
Eine fortlaufende Dokumentation der individuellen Informationen der verschiedenen Mitarbeiter ist Voraussetzung, ebenso wie deren zeitnahe Integration in den Informationsfluss der Organisationsstruktur.
Der wesentliche Vorteil der Technology Intelligence besteht darin, dass der Forschungs- und Entwicklungsprozess durch die Bereitstellung einer Vielzahl von gesammelten Informationen effizienter gestaltet werden kann. Risikoreiche und mit hohen Unsicherheiten behaftete Technologien profitieren dabei von diesem kontinuierlichen Informationsprozess der sämtliche Änderungen der Umgebung wiedergibt. (7)

Organisatorische Eingliederung des Innovationscontrollings im Unternehmen

Organisatorisch kann das Innovationscontrolling eine zentrale Stelle innerhalb der Unternehmensorganisation sein, ebenso ist aber auch eine dezentrale Organisation in den jeweiligen Projektteams denkbar. Je zahlreicher Innovationsprojekte in einem Unternehmen sind, desto mehr bietet sich eine zentrale Steuerung im Unternehmenscontrolling an. (8)

Controlling muss Kreativität nicht einschränken

Kreativität schafft nicht nur Erfolgspotential durch erfolgreichere Marktstrategien oder Ansätze zu effizienterer Produktion. Im Bereich F&E gibt es auch genügend Optionen zu sparen, ohne die Innovationen zu gefährden. Einige Unternehmen prüfen mit Hilfe von Universitätseinrichtungen, wie neue Produkte optimal entwickelt, vermarktet und auch vor Ideenklau geschützt werden können. Der erfolgreiche Innovationsprozess ist weniger durch Erfinderglück beeinflusst als vielmehr definiert durch harte Arbeit und organisatorische Disziplin. Daher müssen Unternehmen darauf achten, dass ihre Entwickler nur einen bestimmten Teil ihrer Zeit auf echte Innovationen setzen. Die Unsicherheit, ob solche Sprunginnovationen jemals marktreif werden, ist zu

hoch. Eine Daumenregel geht daher davon aus, dass nicht mehr als 20 Prozent der Zeit und Mittel in solche Forschungen investiert werden sollen.
Für Innovationsprojekte gibt es auch heute noch auf dem Kapitalmarkt Geld für erfolgreiche innovative Unternehmen. (3)

Die Integration externen Wissens in den Innovationsprozess

Ein Instrument zur Schaffung eines interaktiven, verteilten und offenen Innovationssystems ist die Open Innovation. Im Kontrast zum klassischen geschlossenen Innovationsprozess wird bei diesem Ansatz auch die Berücksichtigung der Ideen und technischen Kompetenzen von externen Akteuren sichergestellt. Ihre Bedürfnis- und Lösungsinformationen werden einbezogen und vergrößern so die Spannbreite der Ideen. Damit wird das Innovationsmanagement um Faktoren der Marktforschung aber auch des Trendscoutings erweitert.

Der Aufruf an ein großes, offenes und undefiniertes Netzwerk und dessen strukturierte Einbindung kann vor allem die Unsicherheiten in den frühen Phasen des Innovationsprozesses reduzieren und relevantes

externes Wissen kanalisieren.
Gerade die Reduktion auf internes Wissen verschließt häufig die Chance zu radikalen Innovationen und ermöglicht somit nur inkrementelle Innovationen. Ein an diesem Open Innovation-Instrument ausgerichtetes Innovationscontrolling muss den geöffneten Innovationsprozess planen und kontrollieren und die Unterstützung bestehender Organisations- und Personalführungssysteme koordinieren. Maßnahmen und Verfahren zur Bewertung des externen Wissens müssen institutionalisiert werden.
Damit kann die Effizienz und vor allem auch Effektivität des Innovationsprozesses gesteigert werden. (6)

Um die Effizienz des Innovationsprozesses sicherzustellen, kann ein technikneutraler Blick auf den jeweiligen Entwicklungsstand sinnvoll sein. Ein regelmäßiges Audit des Projektfortschritts der Innovationen in Innovationskomitees, die für jeden Produktbereich entscheiden, ob ein F&E-Projekt fortgesetzt wird, erscheinen sinnvoll.

Innerhalb eines solchen Innovationsaudits wird der Leistungsstand der Maßnahmen, Prozesse und Strukturen des Innovationsprozesses überprüft. Die Hinzuziehung externer Kräfte, wie Kunden, Nutzer, Lieferanten oder auch Berater kann dabei sinnvoll erscheinen. Das stellt die Integration externen Know-hows wie auch Objektivität sicher. Die Integration externer Partner über den gesamten Innovationsprozess kann mittels verschiedener Instrumente gehandhabt werden. (3), (4), (6)

Innerhalb eines Innovationsaudits unterscheidet man drei Phasen:

Vorbereitungsphase

, in der Analyseziele sowie die zeitliche und terminliche Planung festgelegt werden.

Phase der Datenerfassung

, in der sämtliche relevanten internen wie externen Daten, die für die Analyse notwendig sind, erhoben werden.

Bewertungsphase

, in der mittels Soll-Ist-Vergleichen, oder Zeitvergleichen, oder aber mittels internen wie externen Benchmarks Abweichungen wie auch Verbesserungspotentiale ermittelt werden können.(3),

(4)
Innerhalb des Innovationsaudits können nicht nur einzelne Innovationen hinsichtlich ihres Erfolgsbeitrags bewertet werden, sondern es können auch systematische Stärken-Schwächen-Analysen im Hinblick auf die Innovationsfähigkeit des Unternehmens realisiert werden. (4)

Fallbeispiele

Der Innovationsprozess kann effektiv unterstützt werden durch eine neue Informationsplattform der Fraunhofer-Technologie-Entwicklungsgruppe TEG. Werden die Informationen für den Innovationsprozess heute noch großenteils mittels Marktforschung oder Probanden-Tests an Prototypen gewonnen, so kann die damit verbundene Kostenintensität und der hohe Zeitaufwand durch den frühen, technologiegetriebenen Ansatz des Fraunhofer Technology-Bulletins optimiert werden. Es wird Fachwissen über Technologietrends aus verschiedensten Technologiefeldern bereitgestellt. So können Chancen, aber auch Risiken frühzeitig erkannt werden, die daraus resultieren, dass technologische Entwicklungen am Markt durch

Substitution die eigenen Produkte gefährden. Der transdisziplinäre Ansatz der TEG kanalisiert die wissenschaftlichen Erkenntnisse aller Fraunhofer-Schwesterinstitute. So kann auf einen internen Expertenpool von 13 000 Wissenschaftlern zurückgegriffen werden. (2)

Die Firma Heraeus in Hanau hat 66 Konzerneinheiten, von denen jede über eine eigene F&E-Abteilung verfügt. Es werden jährlich etwa 60 Millionen Euro in Innovationsprojekte investiert. Daraus resultieren inzwischen 4 700 Patente. Wichtig erscheinen auch die initiierten gemeinsamen Ideentreffs, in denen die Entwicklungsingenieure mit internen Marketing- und Vertriebsmitarbeitern ihre Ideen diskutieren. (3)

Weiterführende Literatur

(1) Doppelter Handlungsbedarf Mehr Effizienz in F&E Mehr Effizienz in F&E Trotz sinkender Absatzzahlen hält der Zwang zu Innovationen in der Automobilindustrie unvermindert an. Eine Studie von Oliver Wyman zeigt, wo Zulieferer bei Ihren FuE-Aktivitäten den Rotstift ansetzen können. Trotz sinkender Absatzzahlen hält der Zwang zu Innovationen in der Automobilindustrie unvermindert an. Eine Studie von Oliver Wyman

zeigt, wo Zulieferer in Forschung und Entwicklung den Rotstift ansetzen können.
aus Automobil-Industrie Nr. 003 vom 03.03.2009 Seite 040

(2) Technologie-Früherkennung leicht gemacht - Fraunhofer Technology Bulletin: Mit Wissensvorsprung zu neuen Märkten
aus ke - konstruktion + engineering, Heft 1-2/2009, S. 40-41

(3) VORWÄRTS IMMER INNOVATIONEN Nur wer auch in Krisenzeiten Innovationen entwickelt, kann sich am Markt behaupten. Die Erfolgsgeheimnisse der kreativsten Familienunternehmen des Landes.
aus Impulse vom 01.02.2009, Seite 72-76

(4) Janssen, Sebastian, Innovationsaudit, Controlling, Heft 02/2009, S. 130-131
aus Impulse vom 01.02.2009, Seite 72-76

(5) Strategische Defizite
aus LEBENSMITTEL PRAXIS NR. 004 VOM 27.02.2009 SEITE 062

(6) Hilger, Dennis / Piller, Frank T., Controlling für Open Innovation, Theoretische Grundlagen und praktische Konsequenzen, Controlling, Heft 02/2009, S. 77 82
aus LEBENSMITTEL PRAXIS NR. 004 VOM 27.02.2009 SEITE 062

(7) Weissenberger-Eibl, Marion A. / Klemens, Joachim, Die Technologie-Roadmap als integratives Werkzeug des Innovationscontrollings, Controlling, Heft 02/2009, S. 83 88
aus LEBENSMITTEL PRAXIS NR. 004 VOM 27.02.2009 SEITE 062

(8) Möller, Klaus / Janssen, Sebastian, Performance Measurement von Produktinnovationen, Konzepte, Instrumente und Kennzahlen des Innovationscontrollings, Controlling, Heft 02/2009, S. 89 - 96
aus LEBENSMITTEL PRAXIS NR. 004 VOM 27.02.2009 SEITE 062

Impressum

Innovationscontrolling - Die Effizienz des Innovationsprozesses muss gesteigert werden

Bibliografische Information der deutschen Nationalbibliothek

Die Deutsche Nationalbibliothek verzeichnet diese Publikation in der deutschen Nationalbibliografie; detaillierte bibliografische Daten sind im Internet über http://dnb.d-nb.de abrufbar.

ISBN: 978-3-7379-0068-3

© 2015 GBI-Genios Deutsche Wirtschaftsdatenbank GmbH, Freischützstraße 96, 81927 München, www.genios.de

Alle Rechte vorbehalten. Dieses Werk ist einschließlich aller seiner Teile – z.B. Texte, Tabellen und Grafiken - urheberrechtlich geschützt. Jede Verwertung außerhalb der Grenzen des Urheberrechtsgesetzes bedarf der vorherigen Zustimmung des Verlags. Dies gilt insbesondere auch für auszugsweise Nachdrucke, fotomechanische

Vervielfältigungen (Fotokopie/Mikroskopie), Übersetzungen, Auswertungen durch Datenbanken oder ähnliche Einrichtungen und die Einspeicherung und Verarbeitung in elektronischen Systemen.